Matthias Politycki

Dies irre Geglitzer in deinem Blick

111 Gedichte

Hoffmann und Campe

1. Auflage 2015

www.hoca.de
Gesetzt aus der Stempel Garamond
Druck und Bindung: Friedrich Pustet, Regensburg
Printed in Germany
ISBN 978-3-455-40506-4

HOFFMANN
UND CAMPE

Ein Unternehmen der
GANSKE VERLAGSGRUPPE

Das makellose Gedicht

Wenn ich die Augen schließe, bist du da
in deiner ganzen zärtlich wilden Pracht
und bringst mich Nacht für Nacht für Nacht
um meinen Schlaf. Wie ich dich hasse, pah! 5

Dich schönste aller möglichen Schimären,
nach deren Hebungen ich mich verzehre
und deren Senkungen erst recht begehre,
du schlimmste aller möglichen Affären –

Erlösung bringt mir erst die schwarze Schwelle
und gleich dahinter dann das gleißend Helle,
dort endlich wirst du deine Macht verlieren,

und würdest du dich noch so glänzend präsentieren!
Auch das Vollkomm'ne muß im Licht der Ewigkeit verblassen.
Ich aber werde dich auch dort noch hassen.

I. Dieser schwüle Nachmittag damals

Vier Sorten Schmerz

Erste Sorte

Ende der Sommerzeit

Dies irre Geglitzer in deinem Blick,
beim Abschied wird es verläßlich ein Glimmern
und schließlich ein großes glasiges Schimmern.
Getrennt sein ist unser Geschick.

Einen Sommer lang hast du gefragt:
Du denkst doch an mich? Kommst wieder?
Heut schlägst du die Augen stumm nieder.
Es ist ja alles gesagt.

Ein schiefes Lächeln, das du mir schenkst.
Das Schimmern im Auge ist dir geblieben.
Ich lächle zurück und weiß, was du denkst.

Wir haben gelernt, Lebewohl zu sagen
und nichts zu beteuern und nichts zu beklagen.
So haben wir uns aus dem Sommer vertrieben.

Wenn du den Schmerz gibst, schwarzer Engel,
gib ihn ganz.
Und halt mich bloß nicht auf
mit halben Sachen.
Versuch auch ja nicht, auf den allerletzten Metern
mich noch mal anzulachen.

Heul lieber los,
schau schlank und schäbig dabei aus
und gib dir Mühe,
'ne schöne Abschiedsszene mir zu machen.
Streich mir noch mal die Stirn,
wie du's so oft getan,

und dann dreh ab, verpiß dich, Mensch,
und fahr zur Hölle.
Von dort kamst du ja schließlich her,
mich zu versuchen.
Und kannst mich dort also auch gern
als vorerst letztes Opfer jetzt verbuchen.

Ich aber werde mich
auf dieser Stelle hier
in etwas Schauriges verwandeln
und dich noch oft und oft,
du bittrer Engel,
verfluchen.

Irgendwo auf dieser wundersam weiten Welt

schlägt dein Herz –
in dieser Sekunde –
schlägt auch für mich.
Du fühlst es. Ich fühl' es

jetzt! und jetzt! und
so weiter, trotz allem.
Du weißt es. Ich weiß es.
Das ist alles.

Geteilt haben

die Sehnsucht nacheinander
die Lust aufeinander
den Kummer miteinander

dann gibt es nichts zu bereuen

Zweite Sorte

Hohelied

Wie auf der Altonaer Straße der Verkehr zum Erliegen kam

Es war an einem ganz normalen Tag im März,
fast schon Frühlings Erwachen, fast,
ein Tag ohne brennende Mülleimer oder Dornbüsche
oder sonst irgend Zeichen, die Höheres ankündigten.
Ich kam aus der Weidenallee,
auf meinem Weg ins Schanzenviertel,
stand mit den andern an der Ampel und
wartete darauf ...

wartete nicht darauf, daß sich
von der gegenüberliegenden Straßenseite
eine Frau hüftschwingend in Bewegung setzte,
keinesfalls eilig, oh nein,
obwohl die Fußgängerampel
ja auch für sie rot leuchtete und
auf sämtlichen Spuren der Altonaer Straße
die Autos Schlange fuhren.

Doch siehe, es geschah, daß jedermann anhielt,
und kein einziger lästerte ihrer und hupte,
als sie durch den Verkehr wandelte wie durchs Rote Meer,
das sich bereits bei ihrem ersten Schritt
für sie geteilt.
Und das Weib ging hindurch
ganz ohne Wolken- oder Feuersäule vorweg,
als wäre es von der Vorsehung gesandt oder vielmehr

die Leibhaftige, als Heilige getarnt,
gleichgültig die Miene derer zeigend, die's gewohnt sind,
daß man sie als Erscheinung bestaunt,

daß man die Faust in der Tasche ballt und
Götzendienst treibt. Jählings ein Fremder in meiner Stadt,
sah ich ihr nach voller Hoffnung,
der Anblick der Beine von hinten
könnte Linderung schaffen.

Doch diese Hoffnung
wurde bitter enttäuscht,
und also würde das Wunder
ganz ohne jeden Makel
und für alle Tage,
würde an dieser Kreuzung
für mich aufbewahrt werden als Fluch
und als Verkündigung in eins.

Ihr Makel ist, ganz ohne Fehl zu sein.
Des Tages Strahl'n verblaßt in ihrem Schatten.
Die braune Nacht erstrahlt in ihrem Leuchten.

Auf eine, die vorübergeht

Gut, da geht eine schöne Frau,
das ist ärgerlich,
keine Frage,

an dir vorbei.

Doch stell dir mal vor,
sie trüge zu Hause Schlappen
mit Noppen, die ihre Sohlen
bei jedem Schritt massieren,
stell dir vor, sie wäre
Liebhaberin von Katzen oder
hätte ihre Zunge
mit Perlen bestückt,
stünde auf Lady Gaga, Foucault,
Das Phantom der Oper!

Daß sie vorübergeht
macht sie so schön und,
keine Frage,
erspart dir viel Ärger.

Die Durchtriebenheit des Regens im Norden

Auch diesen Sommer regnete es
dutzendweis schöne Frauen aufs Pflaster.

Wenn sie vor mir aufschlugen,
zerplatzten sie mit einem Seufzer.

Wenn ich mich nach ihnen umdrehte,
zerdampften sie in einem Lächeln.

Es regnete den ganzen Sommer lang. Doch
es war einfach zu heiß in dieser Stadt.

Dritte Sorte

Dieser schwüle Nachmittag damals, als dann abends der Blitz einschlug

Jahr für Jahr blasser wir beide und
vielfältiger, einsilbiger, herber.

Deine Hand immer leichter,
wenn sie auf der meinen liegt.
Dein Blick immer schwerer,
wenn er auf den Dingen
so lange ruht, bis er
auch deren Rückseite sieht,
die Leere auf der Rückseite der Dinge.

Aber an unseren großen Tagen,
da strahlen wir wie eh und je –

Und als ob du nach all den Jahren sogar
meine ungeschriebnen Gedichte lesen könntest,
stürmst du plötzlich herein
und blitzt mich mit
all deinem Übermut an:
»Wär's nicht toll, du, wenn heut abend
so ein richtig großes Gewitter käm'?«

Baldurs Blau

Heut früh,
durch Jalousettenritzen drang ein allererstes Licht,
heut früh verschlug es mir so gründlich
die Sprache, weil du nicht neben mir,
weil du nicht mit mir aufgewacht warst,
daß mir mucksmäuschenstill,
Zeile für Zeile,
das endgültige Gedicht aufdämmerte.

Es hieß »Baldurs Blau«,
das weiß ich noch,
und es begann damit,
daß ich dir eine Insel schenken wollte,
obwohl ich noch nicht mal das Geld hatte,
dir die Yacht zu kaufen,
ach was: die Überfahrt mit ’nem Kanu,
um überhaupt hinzukommen.

Ich hatte nur das Gedicht.
Irgendwo kam darin vor, daß deine Augen
so blau wären –
so blau waren –
so blau sind wie –

Wie gern hätte ich dir
zumindest das Gedicht geschenkt.
Doch als ich schließlich auf Zehenspitzen
zum Fenster ging und die Jalousette kippte,
polterte die Sonne ins Zimmer.
Ich hatte es gründlich vermasselt.

Yuccapalmenanfall

Gerade eben träumte ich offenen Auges
von meiner Yuccapalme. Sah sie
in all ihrer mäßigen Pracht vor mir steh'n,
wo sie die letzten zwanzig Jahre
gestanden. Bis sie eines Tags dann doch,
ganz ohne Sang und Klang,
für immer verschwand.

Wie ich erwachte, standest du vor mir,
die mir die Palme einst geschenkt,
und strahltest mich so übermäßig an,
daß ich mit einem Male wußte,
wie ich dich sehen würde, wenn du –
wenn du nicht mehr mit mir –
wenn du mal nicht mehr bist.

Geteilt haben

das Vertrauen ineinander
die Sorge umeinander
das Lachen übereinander

dann gibt es noch immer nichts zu bereuen

Das Krokuswunder

St. James's Park, an einem 24. Februar von Queen Anne's Gate aus betreten

Ich hatte noch 'ne Viertelstunde Zeit, weißt du,
und weil mir nichts Besseres einfiel,
ging ich rüber in den Park,
es war so 'n richtig knallharter Frühlingstag,
mindestens dreizehn, vierzehn Grad,
die Menschen strömten nur so herbei,
um sich ihren Anteil an Sonne zu sichern und
von der Brücke schnell 'n paar Photos
Richtung Buckingham Palace zu schießen,
'n aufgeregtes Geschnatter und Gezwitscher
in allen Tonlagen der Welt.

Es war dann aber nicht die Großartigkeit des Himmels,
der sich im See unter mir spiegelte,
es waren die Krokusse, die ich plötzlich
auf der Rückseite des Lärms –
'n weißes Leuchten und 'n violettes Schimmern
auf hauchzartgrünem Grund –
es waren die Krokusse und, weißgott,
vielleicht auch 'n paar verstreute Narzissen drumrum,
es war dies irre tapfere Drauflosblühen,
daß ich fast gestolpert wär'
vor lauter Ehrfurcht.

Wie lange hatte ich nicht mehr
so inniglich gestaunt?
Ich blieb stehen und
atmete tief ein –
wie gern hätt' ich dir all dies gezeigt,

hätt' es, weißgott, mit dir gemeinsam
'ne ganze Weile lang inbrünstig angeschwiegen.

Aber, weißt du,
ich hatte nur 'ne Viertelstunde,
es war höchste Zeit, auszuatmen
und zurückzugehen.
Und außerdem
warst du ja sowieso nicht da.

II. Die Mühen der Ebene

Erwachsen werden (♂)

Zum ersten Mal aus der Flasche trinken
(ohne daß es nach Milch schmeckt) …
Zum ersten Mal ein Bier aus der Flasche trinken
(ohne daß man sich deswegen für besonders cool hält) …
Zum ersten Mal ein Bier in einem einzigen Zug
aus der Flasche trinken
(ohne daß man sich danach als Held feiern lassen müßte),
und dann die Flasche absetzen,
den Blick ins Leere richten und …

endlich klingt's wie ein Sechzehnender,
der sich die Lust aus dem Leib röhrt,
und die ganze Welt stellt erschrocken –?
verzückt –?
verzaubert –?
stellt wie von selber die Ohren auf.

Kleinstadtplaza

Sie sind genau die Richtigen
am rechten Ort zur rechten Zeit,
zart beflaumte Mützenträger
beim Abchecken der Lage

Einige brettern noch auf ihren Skateboards
die Behindertenrampe runter,
andre scheitern schon beim Chatten,
Bierflasche am langen Arm

Am Rand der Rampe aufgereiht,
blaßbeinig, die Colabräute,
einige noch mit Pickelcreme als Makeup,
andre schon mit Nasenring, und jede

tut gelangweit und sieht genau hin:
Einer dieser Nachwuchshelden wird sie
vielleicht heut nacht schon entjungfern,
in den zweiten werden sie unglücklich verliebt sein

und bleiben, ein dritter wird sie schwängern,
heiraten, betrügen und verlassen.
Ihr ganzes Leben liegt vor ihnen
auf der Plaza. Die einen kichern noch

und warten auf Schicksalswinke aus dem Display,
die andern schachern schon um Zugriffsrechte,
von sanfter Panik erfaßt die einen
wie die andern

Adilettenmänner

Sie stehen am Frühstücksbuffet und
riechen nach Restalkohol mit Hâttric Classic.
Sie hantieren am Grill und
haben richtig gute Laune.

Sie treten am liebsten im Rudel auf,
als Kompetenzteam in Sachen Die-da-Oben
und Wir-sind-Deutschland.
Sie klopfen einander die Schultern

und sich selbst die Schenkel.
Sie sind echte Kracher in kurzen Hosen,
lauter Ladykiller und Glücksfälle
mit und ohne Pelz im Dekolleté.

Sie sitzen an deiner Bushaltestelle.
Sie stehen vor deinem Bäcker. Sie liegen
auf deinem Handtuch am Pool und sind mit sich
und der Welt im reinen. Sie sind da.

Was dem Norden abgeht

Heimatkunde (I)

Gute Bäcker, besonders
was Brezen betrifft.
30 Die langsame Form des Humors, besonders
was Witzwiederholung betrifft.
Die Weltweisheit des Konjunktivs, besonders
was Hinterfotzigkeit betrifft.

Soll das alles sein?

Aber nein, zumindest fehlt noch der Föhn
und wie er den Blick aufs Wesentliche freimacht,
fehlt die Deftigkeit des Hüttenzaubers und
wie charmant man Käsespätzle
als Kasspatzen servieren kann.

Und das ist jetzt alles?

Ach was, da fehlen … zuallermindest noch
Grüßgott und Habedieehre und
Servusmitanand und Leckstmiamarsch.

Falsche Versprechungen

Rudi Schachtlmacher droht vor seinem Stammkiosk jemandem was an

Jetz stell gefälligs ma deine Lauscha auf, du!
Wenn ich nich diesen Scheiß mit meim Rücken hätte,
dann würd ich mich jetz wie son aufgepumpter Putin,
dann würd ich dich jetz wie son junger Stier,
der sich grad ma die Hörner einraspelt und der
von dem ganzn Tutn und Blasn noch nich ma
n Schattn von ner Ahnung hat,
dafür aba umso mehr an –

Aba hallo. Da bleibt dir dann kein Stein mehr aufm andern
und kein einziga nassa Furz im Arsch
oda eingtlich kein …
wie heißtn das verdammt noch ma?

Also wenn ich nich diese Sache mitm Rücken hätte.

So oder anders hätte es gewesen sein können

Und die ganze Zeit war das Meer da draußen
am Toben. Mit diesen hohen Wellen,
die gegen die Kaimauern schlugen
und drüber hin.
So richtig dunkler Himmel.
Jählings ein Riß in den Wolken,
man mußte blinzeln vor so viel Sonne.
Es hätte dir gut gefallen.

Und die ganze Zeit saßen wir drinnen
beim Tee. Sahen den Möwen zu, der Gischt und
den beiden, die da am Kai standen,
ein Vater und sein pausbäckiger Sohn,
schräg gegen den Sturm gelehnt
und mit trotzig roten Gesichtern,
als müßten sie was beweisen.
Es hätte dir gut gefallen.

Hinter dem Licht und den Dingen

Manchmal ist es
an einem Sonntag nachmittag
so still, daß der Tag
einen Riß bekommt. Dann
hebst du den Kopf

aus deinen Papieren und
kannst es mit einem Mal hören:
das Rauschen der Zeit
hinter dem Licht
und den Dingen. Doch

wie du den Kopf
leicht schräg legst
und die Hand hinters Ohr,
da schließt sich der Riß
schon wieder.

Duschen um Viertel nach drei
Professor Blohm erklärt sich

Heute morgen hatte ich einfach keine Lust,
mich zu waschen. Setzte mich an den Schreibtisch
und verschob's auf später,
beim Spitzen der Stifte verschob ich's
auf noch später, und als ich den Elf-Uhr-Tee trank,
beschloß ich, daß ich's tatsächlich
würde ausfallen lassen.

Früher, als ich ein Kind war,
wär' mir das nicht so schwer gefallen.
Und jetzt wäre's immer noch leichter gewesen,
mich einfach zu waschen. So wollte ich's
mir beim Mittagsmahl schönreden,
doch beim Drei-Uhr-Tee merkte ich,
daß ich selbst das nicht konnte.

Ich bin auch nur einer,
der da ist
und irgendwann
dagewesen sein wird.

Dennoch siehst du mich an,
als wär's für die Ewigkeit.

Je älter ich werde,
desto unbegreiflicher
wirst du mir –
und mit dir der Briefbeschwerer,
das Brillenetui,
die Blasen im Bernstein
und das Gezwitscher der Vögel
im Frühling.

Zwei Sorten Zuneigung

Die Fahne tanzt nicht,
wo kein Sturmwind ist.
Der ist kein Liebender, der nicht
den Mond vom Himmel rauben wollte.

*

Fliegen würd' ich wie ein Vogel,
doch mein Flügel ist gebrochen.
Sinnen werd' ich müssen, trachten,
träumen gar, dich zu beschützen.

Über den richtigen Umgang mit Geliebten (♂)

Unerbetene Ratschläge befreundeter Herren

Davor
Auf altmodische Weise höflich sein
Schwärmerei mit Witz kombinieren
Auch im Lügen zur Höchstform auflaufen

Dabei
Handbremse lösen und nichts bereuen
Selbst im Liegen noch wissen, wo man eigentlich steht
Es nicht mit Liebe verwechseln

Dann aber auch
Haß, Enttäuschung, Wut ungebremst ausleben
Niemandem davon erzählen
Trennungsschmerz aushalten

Daraufhin
Einander weiter in die Augen schauen können
Und bei Bedarf auch mal ins Eingemachte, was soll's
Das lange Danach als Allerschönstes an der ganzen Sache begreifen

Nebel

Der sich so gern für dich gehoben hätte

Seitdem aber liegt alles rundum
im Nebel, fast so wie frühmorgens im Herbst
im Gebirge, vielleicht auch nur
stiller als sonst, und du stellst dir Berge
wie Täler darunter bloß vor: Da, am Hang, reißt

der Nebel kurz auf und sofort blitzt
auch etwas hervor, aber was? Wie er sich
schon wieder zuzieht, zeigt er andernorts andres,
verschluckt's jedoch, eh du's erkannt.

Allüberalldem nur Nebel, der sich
so gern für dich gehoben hätte und dir gezeigt,
wie wundersam weit die Welt auch weiterhin ist.

III. Am Abgrund des Alltags

Männer mit blutigen Schürzen (I)

Früher, als ich noch Kind war, sah man sie manchmal
aus dem Rückraum einer Metzgerei kommen und
eilig einen Klumpen Fleisch in die Auslage schieben,
sah sie zügig über den Hof schreiten und
auch gleich wieder verschwinden
hinter einer Tür, die sich bedeutungsvoll –

Aber was war denn so wichtig an denen?
Ja, wenn ich das wüßte. Wenn ich wüßte.

S-Bahnstation mit Sperlingsgezirp

Ein knisternd kalter Montagmorgen,
die Sonne noch tief im Himmel,
aber doch so stark schon,
daß der Rost an den Gleisen zu blühen beginnt,
die Schottersteine daneben verzaubert,
von Rauhreif überzogne Reste eines dunklen Konfekts
aus vergangner Nacht.

Bloß eine Handvoll Leute auf dem Bahnsteig,
versprengte Tataren mit Mützen
aus Filmen, die längst nicht mehr gespielt werden,
Komparsen der Stille, als Raucher getarnt.

Legt man den Kopf leicht schräg,
zirpt vom kahlen Gebüsch jenseits der Gleise
ein waghalsiger Vogel,
gewiß ein verwunschner persischer Prinz oder
zumindest ein Sperling mit gebrochnem Herzen,
doch jetzt, ausgerechnet,
telephoniert einer drauflos,
und gleich so laut, daß er sich
im Dampf seiner Worte auflöst.

Was dem Süden abgeht

Heimatkunde (II)

Das Meer, die steife Brise und
der Himmel als Landschaft.

Soll das alles sein?

Aber ja, das ist alles.

Dreiklang

Die Dünung der Dämmerung,
auf dem entferntesten Felsenriff verebbend
dieser gnadenlos großen Stadt

Du, Mensch, blinzelnd in deinem Gehäuse,
ein Häufchen Staub beharrlich
zu etwas knetend, das Perle werden soll

Die Dinge um dich herum, denen
dein Scheitern ebensowenig bedeutet
wie das Gelingen des Sonnenuntergangs

Semiotik (I)

Wenn du rätselhafte Signale aus dem Körperinnern empfängst,
die anderntags gottlob wieder ausbleiben,
wenn dir die Mittelmäßigkeit rundum immer läßlicher erscheint
und das Deckenlicht überall dunkler und trüber,

dann wird es Zeit, darüber nachzudenken.

Wenn du den Frosch bevorzugst gegenüber
der langbeinigen Blondine, in die er sich
durch einen Kuß zu verwandeln verspricht,
und wenn du das auch noch überall herumerzählst,

dann wird es wirklich Zeit, darüber nachzudenken.

Wenn die versprenkelten Flecken auf dem Unterarm
so langsam ein System ergeben,
wenn dir beim Schnürsenkelbinden die Luft wegbleibt,
du ansonsten aber immer häufiger vom langen Atem redest,

dann wird es höchste Zeit, darüber nachzudenken.

Abendgesellschaft

Du sahst den ganzen Abend heute
so kostbar und zerbrechlich aus,
inmitten wohlgenährter Leute,
die feierten in Saus und Braus.

So schmal warst du, erschreckend endlich,
und um dich Lebenslust, so prall
und nimmersatt, welch ein Krawall!
Ich hatte Angst, du würdest unabwendlich

nur immer schmaler werden, immer
noch transparenter, bald verblassen
vor meinem Aug' zum letzten Schimmer
und still und leis die Welt verlassen,

in der du offensichtlich deplaziert.
Und das gerissene Gegirre
der Damen würde bleiben, das Drumrumgeschwirre
der Herrn, als wär' gerade nichts passiert.

Über den richtigen Umgang mit Liebhabern (♀)
Unerbetene Ratschläge befreundeter Damen

Davor
Zu allem leicht spöttisch lächeln
Haustiere verschweigen
Beine übereinanderschlagen (und in den Haaren herumwühlen)

Dabei
So tun, als hätte man die Handbremse gelöst
Keinerlei Zukunftspläne ausplaudern
Undurchschaubar bleiben

Dann aber auch
Mit allen unlauteren Mitteln kämpfen, solang noch Hoffnung ist
Eine Szene liefern, die er nie wieder vergißt
Trennungsschmerz verheimlichen

Daraufhin
Zum Friseur gehen
Keine seiner Mails beantworten
Das lange Danach als Allerschlimmstes an der ganzen Sache begreifen

Die salzige Wahrheit der Tränen

Es ist immer da –
in den Blasen des Bernsteins,
auf den Ziffern der Uhr und
im Schwarz der Tastatur,
auf der ich diese Zeilen schreibe.
Auch in den zwei kleinen Enten,
die auf dem Lampensockel hocken
und gute Laune machen wollen.
Es ist im Stein, der Briefe beschwert,
ist in der Schublade als Tintenfaß,
als Taschentuch,
als Stempelkissen und
zerknüllter Zettel.

Es ist immer da.
Ob ich das Zimmer verlasse und
mein Glück am andern Ende des Flures suche,
ob ich die Wohnung verlasse,
in eine andre Stadt fahre, es
ist immer schon da.
Es treibt mit den Blättern
durch die Straßen.
Es sitzt im Café an der Ecke und
lächelt mir zu.
Wohin auch immer ich mich wende,
es winkt und es singt und es springt
mir zu. Es ist da.

Unsre Stelle

Heute kam ich an der Stelle vorbei,
du weißt schon, an unsrer Stelle,
wo du immer auf mich gewartet,
da war einfach nur nichts.
Von dort ging ich den Weg,
unsern Weg zum Bahnhof, wie immer.

Heute nahm ich den Zug,
du weißt schon, unsern Zug,
und sah aus dem Fenster,
sah reichlich Häuser und
reichlich Himmel darüber, vielleicht
war das ebenfalls schön.

Du kennst das alles nicht,
und ich kannte es auch nicht
bis heute. Zum ersten Mal
hatte ich Augen für alles andre.
Und trotzdem kam ich,
wie immer, irgendwann an.

IV. Schneller Wechsel

Graue Hügel, gelbes Grasland, egal
Serengeti

Nicht mal für Leoparden hielten wir
mehr an. Wir fuhren Tag für Tag
durch gelbes Grasland und vorbei
an grauen Felsenhügeln, manchmal Löwen,
und jeder Menge Schirmakazien,
die ihre Schattenrisse vor dem Himmel
für nichts und wieder nichts entfaltet hatten,
egal.

Wir bretterten mit aufgeklapptem Dach,
zu schnell selbst für die Tsetsefliegen,
und stehend hinterm Fahrer: ich!
Vor uns die Piste, rote Spur im Gras,
nicht mehr. Das war es ja, mehr nicht!
Mit beiden Händen festgeklammert an
der wilden Fahrt und nicht mehr denken können,
nichts!

Und auch nichts mehr beweisen.
Woher? Wohin? Geradeaus! Solang
mit Vollgas weiter, bis er platzt,
der Knoten, und die Geier kreisen.

Schneller Wechsel

Oswald Stroner übern Rest der Fahrt

Wir bretterten mit aufgeklapptem Dach,
und stehend hinterm Fahrer: ich!

Verkrustet das Gesicht vom roten und
vom braunen Staub der Pisten, ja! So fressen wir
auch noch die letzten hundert Kilometer
an Afrika – und jedem winkend, der uns bis
Daressalam ein Lächeln schenkt.

Schon morgen werd' ich wieder frisch
gewaschen und gestärkt in Flottbek sitzen,
in meinem kleinen Stammcafé,
an einem Butterkuchen pickend,
an einer Friesenmischung nippend,
und jeden so von oben herab musternd,
als hätte ich gar nichts erlebt.

Fieberphantasie (I)

Krank in der Fremde.
Immer wieder kommt
ein Zimmermädchen,
um dir ein trocknes Laken aufzuziehen.

Die eine lächelt
nur flüchtig.
Die andre legt dir
die Hand auf die Stirn
und schüttelt den Kopf.

Mit der einen wirst du
fast auf der Stelle gesund.
Bei der andern bist du bereits
so gut wie tot.

Pfauendämmerung

Die Nacht auf dem Burgberg in Lissabon

Schon bevor du das Licht löschst,
weißt du's plötzlich: Das

kriegst du nie wieder los.
Um Mitternacht fährt die Müllabfuhr vor, du hörst
das Rattern der Tonnen auf dem Pflaster,
kein Zweifel, die Müllabfuhr, erst jetzt.
Eine Stunde später das letzte Auto.
Dann nurmehr das Rauschen des Brunnens.
Irgendwann ein Flugzeug, kurz drauf
das Geschrei eines Pfaus.

In der Morgendämmerung das Gurren der Tauben,
bald eine erste Radiostimme,
ein Gespräch aus der Gasse unter dir und
wieder der Pfau, erst recht der Pfau.
Jetzt noch einer. Noch einer. Noch einer.
Waren das immer schon so viele?
Oder stets ein und derselbe?
Was mag er auf dem Herzen haben, daß er
solch ein Geschrei macht?
Wie du dich schließlich in den Tag stemmst,
weißt du's wie etwas, an dem man so lang schon
so schwer getragen hat, daß es ganz leicht geworden:
Das kriegst du nie mehr los.

Himmelfahrtspektakel

Der Morgen in der Altstadt von Porto

Da steht ein Mann auf dem Balkon
und bohrt in der Nase,
seinen Blick über die Dächer gerichtet,
irgendetwas ganz hinten im Himmel
scheint ihn zu fesseln,
den Verkehr auf dem Platz tief unter ihm
nimmt er gar nicht wahr,
das Gezänk der Möwen,
die beiden Straßenkehrer, wie sie
ihre Runden drehen.

Er steht und bohrt.
Erst im rechten Nasenloch.
Dann im linken.
Unheimlich lange.
Und so, wie er dasteht, könnte er auch
den ganzen Tag stehenbleiben
und den Ereignissen da hinten
im trüb verhangnen Himmel zusehen,
über der häßlich geziegelten Dächersilhouette,
da scheint es hoch herzugehen.

In der Nacht ist
seine Mutter gestorben.
Sie erklärt ihm noch eben, wie's
jetzt weitergehen könnte.

Oktobermißmut

Spaziergang durch Cambridge

Ach, da ist er ja wieder,
der Generalverdacht, dein Leben
sei vollkommen sinnlos und überflüssig,
was auch immer du die restlichen Jahre
noch damit anstellen wirst.

Und dann, sagen wir, so gegen vier,
hebst du doch mal kurz den Kopf

und blickst in eine riesige Baumkrone,
wie sie dir, rostrotbraungoldgelb beblättert,
alles in allem fast schon orange,
von der tiefstehenden Sonne in deinem Rücken
bis in die feinste Verästelung perfekt ausgeleuchtet
vor einem stahlblauen Himmel mit stahlgrauen Wolken,
so mächtig filigran entgegenstrahlt –

daß du stehenbleibst. Mit so viel Schönheit
hattest du gar nicht mehr gerechnet.

Und da ist sie dann plötzlich wieder,
die große Gewißheit, dein Leben,
was auch immer kommen möge und wann,
sei wichtig
und wunderbar.

Die schottische Sekunde

Northwest Highlands

Hingen die Wolken nicht so tief,
könntest du ganz in Ruhe
Ruinen und Wasserfälle bestaunen,
rote Postautos und weiße Häuser und
das leuchtgrüne Billardtuch,
mit dem die Hügel bespannt

Wenn du mehr mitbekommen willst
als Wolkendunst und Nebel,
aus dem Dudelsäcke und Schafe tönen,
mußt du die Sekunde erwischen, da der Tag
mit einem Mal prächtig aufreißt und

gerade jetzt bricht sie an,
schau schnell hin!

Schon folgt die Sekunde danach,
in der sich alles wieder zuzieht,
den Rest des Tages kannst du getrost
beim Single Malt verbringen und dich
mit anderen darüber wundern,
was *sie* in jenem Augenblick gesehen

Endlich auf Skarø!

Und nun? In aller Pracht herrscht hier August,
doch in zwei Stunden bist du trotzdem schon
um die gesamte Insel rum,
ums Stoppelgelb der Felder,
ums welke Grün der Wiesen,
die Handvoll Häuser mittendrin
in ihrer Strohdachputzigkeit.

Und sonst? In Abgrundsilberblau das Meer.
Und weit're Inseln dann als Horizont.
Zum Abschied findest du im einz'gen Laden eine
sehr schöne Sammlung Biere, sieh mal an, aus Ærø!
Die nimmst du selbstverständlich mit und so
wird auch noch dieser Ausflug eine
erstaunlich runde Sache.

Kurzer Schwächeanfall

Neulich, mitten im Pamir,
feierlich umrahmt von schroffen Siebentausendern,
jeder Menge Schnee und
Geröllfeldern dazwischen

– wir waren schon so lange unterwegs,
daß meine Fürze anfingen
nach den getrockneten Kuhfladen zu riechen,
mit denen wir in den Schäferhütten
nachts die Halleröfen beheizten –

also neulich, vier Tagesetappen oder
noch weiter weg vom Leben im Tal, da
warf ich meinen Rucksack plötzlich ab
und hörte mich sagen:
Was soll der Scheiß?

Wie ich mich auf einen Felsbrocken setzte,
hielt ich schon wieder den Mund
und dachte nur möglichst leise:
Noch eine Gletscherüberquerung
macht dein Leben nicht reicher.
Und eine weitere Durchquerung
von Eisbächen oder Geröllwüsten
erst recht nicht.

Also laß es.
Riskier mal was Richtiges.
Ob mit offnem Kamin oder
'nem alten Gasherd in der Küche,
an dem wir uns die Hände wärmen,
solang es mit dir ist, egal!

Wie ich noch nicht mal angefangen hatte,
den Kopf über mich zu schütteln,

waren Esel und Treiber
hinterm nächsten Grat verschwunden.
Höchste Zeit aufzustehen
und weiterzugehen.

Jurtengaudi

Ayaz Kala, Wüste Kyzylkum

Da draußen: Burgen aus gebranntem Lehm,
beherrscht vom Schrei der Mauersegler.
Und weit und breit bloß außerdem
versalzte Böden. Heiß darüber
der Wind aus West. Wie angenehm

ist's drinnen: Wodka, Wasser, grobe Kost.
Der eine spielt die Maultrommel.
Der zweite singt von Dschingis Khan.
Der dritte ist nicht mehr bei Trost.
Die Wirtin trinkt mit jedem – Prost!

Die Völkerfreundschaft lebe hoch!
Der Kampf ums Überleben geht
erst morgen weiter. Fest nur steht,
sobald die letzte Flasche leer,
ist es stockdunkel draußen, still und spät.

Fieberphantasie (II)

Zurückgelassen in einer Jurte
am Rand der kasachischen Steppe,
liegst du krank auf deinem Lager
und lauschst dem Choral der Schafe,
ein immerwährendes Jammern und Klagen,
am Abend dann einer Trommel
und kehligem Gesang,
dem Klatschen der Zuhörer,
dem Jauchzen der Tänzer,
am Ende des Festes spielt noch eine Weile
Musik aus dem Autoradio. Stunden später
vernimmst du das Schnauben eines Pferdes,
das Gequietsche eines Kamels.
Danach hebt sie dann aber wirklich an,
die große Steppenstille.
Bis zum Morgengrauen lauschst du
nurmehr dem Wind, wie er durch Gräser fährt.
Und manch kleinem Schrei,
mal ein Quieken, mal ein Röcheln,
dann wird da draußen gestorben.

Falls du die Nacht überlebst,
beginnt beim ersten Hahnenschrei
alles von vorn.

V. Asahi-Blues

Verse vom südlichen Rand der Stadt

Was man so hört

Nicht weit vom Yamato-Fluß

Es beginnt mit Pauke,
Schlagholz und Gesang
aus dem Tempel gegenüber.
Dann das Gebimmel vom Bahnübergang.

Später geht einer von Haus zu Haus,
die alten Getränkedosen abzuholen.
Bevor er sie in seinen Sack stopft,
zertritt er sie auf dem Gehsteig,

da knackt die Stadt vernehmlich auf.
Der Rest des Tages gehört
dem Rauschen der Aircondition.
Und den Raben natürlich, den Raben.

Die Raben

klagen und klagen.
Zwecklos, sie zu verjagen.
Du mußt's ertragen.

Der Mann und der Baum

Sumiyoshi-Park

Er sitzt darunter und
erzählt ihm was.
Wahrscheinlich arbeitslos,
denke ich, und betrunken.

Kaum bleibe ich stehen,
fallen die Mücken über mich her.
Wie kann der Mann so ruhig sitzen?
Er redet, raucht, redet, massiert sich den Fuß

und scheint sie gar nicht zu spüren.
Oder sie stechen ihn nicht.
Wie er schließlich davongeht,
schwankt er nicht mal.

Also doch ein Heiliger,
denke ich. Wahrscheinlich kann er
nicht nur mit Bäumen reden,
sondern auch mit Mücken.

Das große Nichts am Nachmittag im September

Abiko-Kannon-Tempel

Nichts als der glattgefegte Sand,
darauf verteilt: gestutzte Pinien;
nichts als der Duft der Räucherstäbchen
und Lampions, Kerzenlichter, Gongs.

Hoch oben in den Wipfeln: Rabenklage.
Im Sand die gurrende Zufriedenheit der Tauben.
Mitunter, matt, der Klang der Rassel oder
von Münzen, wenn sie in den Opferkasten fall'n.

Die meiste Zeit jedoch nur: nichts und immer
noch nichts und weiter nichts.
Jetzt mach die Augen zu und schau.
Und bitte frag nicht nach, denn sonst

erschrickt der Tempel noch über sich selbst.
Und tief im Dunkel hinter den Altären
wachen die Götter und die Geister
der Reihe nach auf.

Fleißig Tee trinken, das Unauffällige tun, den Dingen näher rücken

Denksprüche des Zen-Meisters

Lausch der Wolke und hab
keine Erleuchtung dabei.

*

Lern die Oberfläche lieben.
Ohne sie wär' die Tiefe nur leer.

*

Erst wenn du nicht mehr glücklich sein willst,
wirst du zufrieden.

*

Denkst du nichts mehr,
denkst du alles.

*

Bleib sitzen und schau.
Das meiste versäumst du sowieso.

Fünf-Uhr-Enttäuschung

Shitennoji

Endlich am Schrein! Doch
er ist schon geschlossen. Heut
schweigt er ohne mich.

Sonnenuntergang (I)

Vorletztes Tanka des Toyotomi Hideyoshi

So schnell? Dabei gäb's
hinterm Horizont doch noch
viel zu entdecken.
Ist mein Traum denn schon vorbei?
Oder fängt er nun erst an?

Sonnenuntergang (II)

Vorletztes Tanka des Tokugawa Ieyasu

Selbst jetzt schweigt das Meer.
Dabei hab' ich's Tag um Tag
und bis zur Neige
ausgeschlürft! Letztes Glitzern
zeigt, wie wenig das doch war.

Am Ende kommt nicht mal ein Kellner

Asahi-Blues am südlichen Rand der Stadt

Jeden Tag gehe ich daran vorbei.
Ein roter Lampion hängt vor der Tür,
und durch die kleine Scheibe sieht man
meist vier, fünf Männer am Tresen,
mehr passen gar nicht rein.

Heute abend wollte ich es wissen.
Und nun weiß ich es. Der Wirt war muffig.
Das Essen kalt. Im Fernseher
ein Spiel der Hanshin Tigers.
Am lebhaftesten die Werbespots dazwischen.

Es ist ziemlich traurig,
in dieser Riesenstadt alleine
in einem solch winzigen Lokal zu sitzen.
Noch trauriger jedoch,
dich dabei am andern Ende der Welt zu wissen

und in allerbester Gesellschaft.

Nachtseitensonett

Kita-shinshi

Erst nachts erwacht die Stadt, zu Höherem berufen.
Was tot am Tag und Stein und Glas und stumpfer Stahl
zuckt auf im Neonlicht ganz kolossal,
entflammt in Sünden, die Dämonen schufen,

von denen du noch nie gehört. Schriftzeichenflimmern
lockt selbst noch in die schmalsten Nebengassen.
Ist dort das dunkle Herz der Stadt zu fassen?
Doch plötzlich leere Häuserschluchten und … ein Wimmern,

das aus den Souterrains aufsteigt, wem wird da was
warum zuleid getan? Und das Gelächter,
gilt es dem irgendwo verborgnen Schlächter?

Wie eine Frau dir in den Weg tritt, wirst du blaß.
Vielleicht hat diese Stadt mehr Herzen als bloß eins?
Gib's endlich auf. Jetzt will sie deins.

Ausgehmeile

Namba

Jeden Abend wird
das Versprechen der Lichter
erneut gegeben

und nach Mitternacht,
Licht für Licht, ganz beiläufig
wieder gebrochen.

Meditationsmusik nach Mitternacht
Tenrikyo Toutsu Bunkyoukai-Tempel

Letztes Geklacker
aus dem Tempel. Ganz leis nur.
Die Nacht geht zur Ruh.

Mein Sake ist traurig

Denksprüche der Tagelöhner von Kamagasaki

Auch das Neonmeer
kennt nur seine Gezeiten.
Aber kein Mitleid.

*

Zwischen drei Eisenbahntrassen
liegt deine ganze Welt.
Zahlreich die Unterführungen.
Doch welche auch immer du wählst,
drüben ankommen wirst du nie.

*

Wenn du auch keine Blume bist,
so bist du doch ein Gras am Wegesrand.

*

Es gibt einen Ort,
an dem du willkommen bist.
Wenn nicht in dieser,
dann in jener Welt.

*

Ein neugebornes Kind
in einer Plastiktüte
neben der Mülltonne,
so beginnt dein nächster Tag.
Wer am Abend noch lebt,
wird Weiteres gefunden haben.

VI. Freund Hein

Und andere Gefährten

Dreizehn Personen
ohne dreizehn Bilder von Jochen Hein

Klarer Treffer

Gerade eben noch saßest du da,
mehr oder weniger emsig
in eine Sache vertieft (oder die andre),
nicht ganz von dieser Welt.

Dann hobst du den Kopf.

Nicht etwa, daß du groß irgendetwas
gedacht dabei hättest, bewahre!
Vielleicht ja gerade deshalb
kam sie dir plötzlich ganz klar
und schwer wie ein Haken,
die Einsicht in die Jämmerlichkeit
nicht etwa der Welt, des Menschen an sich,
der Zustände, Zeitläufte, nein!
Die Einsicht, daß all jene Jämmerlichkeit in
nichts anderm als ausgerechnet dir selbst
ihren Anfang nimmt und irgendwann,
bald, auch ihr Ende.

Soundtrack des Frühlings

Ein, zwei Wespen an der Fensterscheibe,
die Radiostimme von der andern Straßenseite,
aufgellend ein Kinderschrei,
Gezirp und Gezeter der Eltern,
der Reihe nach zuklappende Autotüren …
schon fährt dir der Tag davon.

Zurück in der zwitschernden Stille bleibst: du
mit all deinen Sorgen um die kranke Mutter,
der Wehmut um eine frühere Geliebte,
dem Ärger mit den Kollegen,
dem Schmerz in der Schulter und über
dein zügig verrinnendes Leben.

Bevor du das Erstbeste zertrümmerst oder
die Falsche anrufst,
schau auch auf den Schreibtisch, auf
die Vase mit den zwei vertrockneten Rosen,
sie gehören, zum Glück,
zu all deinem Unglück dazu.

Pathetische Anwandlung

Hab ich dir eigentlich schon mal gesagt,
daß ich dich immer wieder aufs neue
mit großen Augen angesehen habe
und immer wieder erstaunt,

daß ausgerechnet ich es war,
mit dem du dein Leben verbracht?
Und noch, aber ja doch,
ein kleines Stück weiter verbringst.

Höchste Zeit, das auch mal zuzugeben. Denn
wenn ich demnächst auf meinem letzten Lager liege,
dann ist es womöglich zu spät
für ein Lippenbekenntnis.

Fernzauber

Mit der steinernen Miene des vollendet
Betrunknen tappst du und torkelst
durch diesen unglaublichen Tag danach.
Nichts kann dir passieren,
solang sie an dich denkt,
von fern auf dich aufpaßt,
sie hat's ja versprochen.

Also geh zu, wohin immer,
solang sie so trunken ist wie du und bleibt,
steht dir jede Ampel auf Grün und
du kannst gar nicht sterben.

Wie dein Totenhemd riechen wird

Nicht gut jedenfalls,
das steht fest. Ein bißchen peinlich
ist dir das jetzt schon,
am liebsten würdest du dich
vorab dafür entschuldigen,
wenn das nicht gar so albern wäre.

Und wenn du's nicht bereits,
immer öfter, am Morgen
nach dem Erwachen riechen,
tatsächlich bereits riechen würdest:
den sauren Schweiß, der sich des nachts
in Hemd und Laken gesaugt,
Summe deiner Erschöpfung,
ein völlig andrer Schweiß als der,
den du von deinen hellen Tagen kennst –
das verschlägt dir die Sprache.

Als ob dir das nasse Hemd am Morgen
ein Wink aus dem Dunkel sein will,
ein Vorgeschmack darauf,
wie's riechen bald wird:
gar nicht gut,
das steht fest.

Eine Art Vorhaltung

Du bist so streng
zu den Dingen,
den Worten,
so unerbittlich genau und ohne Laxheit
: das mag ich an dir

Denn all deine Strenge,
sie ist ja nichts weiter
als Liebe
und Sehnsucht und Sanftmut
: das mag ich noch mehr

Augenmerk

Du siehst mich nicht mehr so an
wie früher. Die Stürme all unsrer Tage
sind über dein Gesicht gegangen,
haben hauchdünn nicht mehr als
ein blattgoldnes Lächeln
darauf hinterlassen.

Das ist immer noch schöner
als jede Windstille sonst in der Welt.

Ich weiß, du liebst mich noch immer.
Doch der Kummer, den ich dir mache, ist,
deutlich zu sehen, ist größer bereits als das Glück.
Du liebst, doch der Zeitpunkt, da du's
nicht mehr tun wirst, ist ein Stück
näher gerückt.

Im Moment

Du lächelst mich an, und
ich seh' dich als alte Frau,
ein von vielen Fältchen

fröhlich verhutzeltes Gesicht,
das sich erst im Augenblick des Todes
löst und so glatt wieder wird,
als wärst du noch Kind und unsterblich

Du lächelst mich an, und
ich seh' dich als kleinen Racker, wie du,
schnaufend in der Wichtigkeit deines Tuns,
all deine Schlaf- und Knuddelbären auf dem Bett
so akkurat nebeneinandersetzt,
daß sie miteinander reden und kuscheln können,
vor allem auch, daß du sie der Reihe nach zeigen
und erklären könntest,
wenn ich jetzt plötzlich die Tür zu deinem Reich geöffnet
und dich aufgestöbert hätte,
damals, vor einem halben Leben,
als du selig verheddert noch warst
in deiner Ewigkeit

Du lächelst mich an, und
weil ich so viel
auf einmal nicht ertrage,
lächle ich zurück
in der Hoffnung, du mögest es
für ein Lächeln halten

Ein Tag voll Sonne und Wind

Du wirst nicht etwa Jahre,
du wirst Jahrzehnte nach mir sterben,
und an den anderen, den trüben Tagen,
da wissen wir's sehr wohl
und wissen's plaudernd zu umschweigen:
die wir da arglos Hand in Hand
das Ufer langspazieren
flußauf und immer weiter, weiter,
dem frischen Frühling mit
all seinem Funkeln, Glimmern, Gleißen
gedankenlos entgegen.

Bald geh'n wir gar nicht mehr am Ufer,
der Weg führt mitten durch den Strom
auf einem schmalen Streifen Land,
von Wasser links umgluckst bin ich und rechts
bist du, vor lauter flirrendem Geglitzer
seh'n wir die kleine Brücke lange nicht,
zerfließend' Schattenriß im Gegenlicht,
ein Strich, nicht mehr, wie sie sich weit vor uns
erhebt: wo Land und Weg dann doch einmal
zu Ende sein und jener schmale Steg
ans rechte Ufer führen wird. Wo dir
flußauf dann noch ein weit'res Stück
allein zu gehen auferlegt.

Zwischenlandung

Kannst wieder atmen,
ohne daß dir's den Brustkorb sprengt,
kannst wieder schlafen,
ohne zu schwitzen,
kannst essen und trinken,
ohne daß es dir übel wird.

Dein Magen hat aufgehört, sich zu verkrampfen,
dein Herz hat aufgehört zu flattern,
deine Seele zu fliegen,
und auch der Rest ist wieder
halbwegs sortiert auf dem
Boden der Tatsachen angekommen.

Wünschtest, du könntest im selben Atemzug
tiefer und tiefer noch fahren,
hinab ins Dunkle, um dort auch
all das andere abzubüßen,
was du im Lichte hier oben
gedacht und getan.

Letzte Lüge

Hab' nun eine Zeit für dich mit gelebt
und dabei alles auch ein bißchen
für dich mit angesehen,
hab' mich gefreut für dich mit,
getrauert, gestaunt
für dich mit,
für dich mit,
immer.

Nun, da ich mich leise,
ganz leise losreiß' von dir,
glaubst du, es würde sich ändern?
Aber nein, weiterhin werd' ich
aufpassen auf dich in Gedanken,
werd' ganz einfach da sein
um dich herum und mit dir,
und mit dir,
für immer.

Glaub mir,
es wird alles wie früher sein,
du wirst es Tag für Tag,
du wirst es spüren.

Auf dem Totenbett (du)

Ich vermiß' dich schon jetzt,
da ich das schreibe,
dabei lebst du doch noch!

Und obwohl das ja gar nicht ausgemacht ist,
stell' ich mir oft und oft vor, daß –

Weißt du, ich will dich dort,
will dich niemals dort sehen müssen!
Will auch nicht tapfer dann sein und
mich mit Erinnerung trösten,
will allenfalls hoffen,

du mögest recht behalten mit deiner Zuversicht,
daß wir uns wiedersehen werden
als Seelen meinetwegen oder als Sphärenmusik,
was auch immer, mir ist das ganz gleich,
wenn du nur recht behältst mit deinem Glauben.

So viel Sonne

Am Ende
wird alles Unreine
ausgeschwitzt sein
unter dem Zorn dieses Sommers,
am Ende
wird nur sie übrigbleiben,
die Liebe ohne Begehr

Nichts wird sie mehr,
nichts von dir wollen
und fordern, erhoffen, erwarten,
wird nur voll Freude sein,
daß es dich gibt
auf dieser wundersam weiten Welt,
daß du da bist und dort bist und
irgendwann auch mal,
wer weiß,
bei mir:

so viel Sonne
an diesem Tag

VII. Trost der Dinge

Erwachsen werden (♀)

Zum ersten Mal etwas einkaufen,
das der Verkäufer in Seidenpapier einschlägt,
bevor er's in eine vornehm bedruckte Tüte gibt,
die Zipfel des Papiers dann aber noch mal
mit zwei Fingern herauszupft
und mit Eau de toilette besprüht,

ehe er die Tüte sorgsam
mit dem Wappen des Ladens zuklebt,
als sei darin etwas Hochnotwichtiges
und überlebensnotwendig Kostbares,
von dem man ein Leben lang
nicht mal zu träumen gewußt.

Ballade auf den Schuhschrank meiner Frau

Gregor Schattschneiders Versuch einer Bestandsaufnahme

I.
Neulich stand ich
mitten im Satz auf,
ging hin, öffnete alle Türen und
ließ die Sache auf mich wirken.

Es roch gut. Und sah
noch viel besser aus.
Da wandelte mich Lust
zu zählen an, und ich –

zählte erneut, mal nach Regalbrettern,
mal nach Schuhtyp, Marke oder Absatzhöhe.
Schließlich legte ich eine Strichliste an.
Ich wollte es wissen.

Am Ende kam ich auf
sieben Paar Turnschuhe, neudeutsch *Sneaker*,
vier Paar Halbschuhe (davon ein Paar *Loafer*),
zwölf Paar Stiefeletten (darunter
jede Menge *Ankleboots*),
zwei Paar Sandalen, das eine flach,
das andere ein Goldriemchenwerk mit Bleistiftabsatz.
Auch unter den vier Pantolettenpaaren war
nichts Puschenmäßiges, es ging bis auf 12cm hoch,
das Wort war sichtlich hinter der Sache zurückgeblieben.
Ähnlich munter präsentierten sich die Stöckelschuhe,
fünf Paar einschließlich *Sling*- und Riemchen*pumps*.
Nur die *Business*-Schuhe (ein Paar, mir fiel
kein deutscher Begriff mehr dafür ein) waren halbwegs normal
und drei Paar Schlappen, wie man sie
aus Hotels kennt, locker egalisiert
durch sechs Paar *Highheels*

jenseits aller sprachlichen Präzisionsmöglichkeit,
von *Peeptoe* bis Versace-Straßzauberzeugs,
10-12 cm hoch, herrliche Wunderwaffen allesamt.

Keine fröhlichen *Crocs*, zum Glück,
keine *Clogs*, *Outdoor*- oder Klettsandalen,
keine Jesuslatschen, *Birkenstocks* oder
sogenannte Zehentrenner (allein schon das Wort),
und nur versteckt ein einziges Paar *Flipflops*,
es verschlug mir die Sprache,
die neudeutsche wie die deutsche zugleich.

II.
Schon wie sie da standen,
alles in allem 49 Paar Schuhe,
machte mich ein wenig kirre im Kopf,
so wie es sich gehört,
wenn ein Mann am hellichten Tag beschließt,
den Dingen einer Frau
auf den Grund zu gehen.

III.
Das war die Lage
am Nachmittag des 8. Juni 2012.
Schon tags drauf konnte sie sich
grundlegend geändert haben.

Und wie sie sich heute darstellt,
keine Ahnung. Ich weiß nicht mal, ob mich
der Gedanke, den Schuhschrank erneut zu öffnen,
trösten könnte. Oder, im Gegenteil, gerade nicht.

Die Funkelkönige

Kaum größer jeder als dein kleiner Fingernagel,
jedoch so voller Feuer, daß er
mal glitzert und mal glimmt und, je
nach Lichteinfall, auch mal
so richtig blitzt und blinkt:

Das sind die Funkelkönige.
Die legst du dir jetzt auf den Schreibtisch,
auf daß sie deinen trüben Tagen
fortan den richt'gen Schliff verpassen,
du wirst schon seh'n, das hilft.

Ja, tragen könntest du sie auch.
Doch nur mit doppelter Manschette,
das ist das Mindeste, was du
den beiden schuldig bist. Wirst seh'n,
das hilft noch mehr.

Mittel gegen Zerknirschtheit

Das einzige Mittel dagegen ist
die Bettdecke nicht nur bis zum Kinn,
sondern bis übers Ohr hochzuziehen –
nach fünf Minuten ist's dir so warm,
daß du richtig froh bist,
einfach so liegen zu bleiben.

*

Das einzige Mittel dagegen ist
aufzustehen,
eine richtig heiße Dusche zu nehmen
und so lang unterm Wasserstrahl auszuhalten,
bis du richtig froh bist,
wenn du dich endlich abtrocknen darfst.

*

Das einzige Mittel dagegen ist
so lange sitzenzubleiben,
bis du am Ende einer der Gegenstände
deines Zimmers geworden:
ein Briefbeschwerer,
ein Brillenetui,
ein kleiner Bernstein mit Blasen darin,
blind und taub vor Freundlichkeit,
ein angenehmer Gefährte,
wunschlos unglücklich
und bei Bedarf gern zur Hand.

Die schottische Stunde

Isle of Skye

Hier regnet es nur deshalb jeden Tag,
damit du bei deinen Fahrten übers Land
reichlich Möglichkeit erhältst,
den Wagen abzustell'n in einer Parkbucht,
den Sitz zurückzuklappen,
die Augen zu schließen
und dem sanften Pladdern aufs Autodach
zu lauschen

wie damals, als du Kind noch warst,
im Zelt deiner Eltern nächtlich geborgen,
nichts konnte dir passieren,
solang der Regen währte,
und kann es auch jetzt nicht, Jahrzehnte danach:
Solang das schlechte Wetter anhält,
bist du zurück im längst verlornen
Paradies.

Ursprung des philosophischen Empirismus

Nicht mal mehr in den Holzhäusern
der sibirischen Sattelschlepperwitwen
findet man sie noch, diese
knuffig kleinen Waschbecken
mit ihren zwei Hähnen
am äußerst linken und
am äußerst rechten Rand
für kaltes und
für warmes Wasser
und doppelt rätselhaft,
weil auch die Wasserhähne selber
so geduckt gedrungen sind,
daß man kaum eine einz'ge Hand
komplett untern Wasserstrahl bekommt.

Aber man findet sie noch, natürlich,
in England, wo sie einst ja erfunden,
und findet sie reichlich.
Lang stand ich jedes Mal davor,
ehe ich Finger für Finger
mal untern heißen,
mal untern kalten Wasserstrahl hielt,
das Alltägliche war plötzlich
wieder Abenteuer geworden und
Anlaß, sich letzten Fragen zu stellen,
äußerst befriedigend am Ende,
wenn man's halbwegs bestanden und,
wenngleich ohne letzte Antworten,
vollbracht.

Kleine Fähre nach Skarø

Du bist wirklich zu klein für ein Gedicht,
sollst nur der Vollständigkeit halber erwähnt sein,
weil das Meer heut so phantastisch glitzert,

daß man dich lange gar nicht mal sieht,
wie du dir zwischen Tåsinge und Fyn
den immergleichen Weg suchst durch den Sund,

daß man nur hört, wie du dich selbst heut,
an diesem gewaltigen Tag, verläßlich tuckernd,
an deinen Fahrplan hältst.

Ballade auf meine Wanderschuhe

Borneo Pro MFS, altloden, von Meindl

Wie sie im Schuhschrank dunkelbraun und klobig,
ja, grantig steh'n, sieht's ihnen keiner an,
daß sie mir schon einmal das Leben
gerettet: auf 'nem Berg im Sinai,
könnt' sein, es war der Djebel Ahmar,
nicht mal mein Führer wußte das genau,
ein Opiumbauer aus dem Feiran-Tal,
der mich am Ende auch noch irrgeführt,
auf den verkehrten Gipfel, doch das
ist eine andere Geschichte.

Im Schotter eines Flußbetts ging es los.
Gen Mittag, endlich, stiegen wir bergan
in steiler schattenloser Kluft,
der Führer, lauthals scherzend, vorneweg.
Doch plötzlich war der Spaß vorbei,
der Berg ließ seine Maske fallen
und machte Ernst. Nur noch mit Mühe
und schweigend stemmten, zogen, drückten
wir uns voran, die Felsen glühten so,
daß man sie kaum mehr fassen konnte –

bis wir an jene Felsenplatte kamen,
tiefschwarz, nur ein paar Meter lang und
nicht mehr als einen Meter breit,
vor allem aber: ganz leicht schräg
geneigt zum Abgrund, heiß und glatt.
Die Steilwand rechts davon nicht minder,
und links nur Luft und Aussicht.
Der Bauer, froh bekifft, ging flott
in seinen Plastikschlappen drüber weg
und kichernd weiter, ohne Blick zurück.

Ich hielt mich fest an einer Felsennadel
und sah die Sache sehr lang an, war willens,
an jeden Gott zu glauben, der mir
ein Zeichen seines Beistands jetzt gegeben.
Doch wie nichts kam, da raffte ich mich auf.
Indem ich laut bei jedem Schritt,
den Fels beschwörend, stammelte –
»Der Schräge … trauen«, Schritt, »Der Schräge …
vertrauen«, Schritt, so ging auch ich darüber hin.
Die Sohlen meiner Schuhe fanden Halt.
Das war im Grunde alles.

VIII. Radikalsymmetrische Gedichte

Ein Gedicht über Stachelschweinstacheln

fällt sicher spitz aus,
spitz und steif und
bis zu vierzig Zentimeter lang,
aber ansonsten?
Benn soll eines verfaßt haben
und Gernhardt sogar deren zwei;
wohingegen Goethe wohl selbst noch
in seinen Marienbader Elegien
an den feinen Haken gescheitert ist,
mit denen die Stacheln versehen;
desgleichen Schiller, Hölty, Hölderlin;
Rilke ebenso wie Ringelnatz;
am kläglichsten übrigens George
oder Oswald Stroner, darüber
wird in der Fachwelt gestritten,
wobei George nicht mal gewußt haben soll,
was Stachelschweinstacheln überhaupt sind.

Ein Gedicht darüber zu schreiben
ist schwer.

Der Vögelkönig

Amsel, Drossel, Fink und Star,
Alle Vögel an der Bar.
Nur der Vögelkönig fehlt.
Macht der sich bloß wieder rar?

Ach, da sitzt er, ganz beseelt!
Wo hat der denn nur gesteckt?
Und was hat er abgecheckt?

Nun, der König wird's schon wissen.
Höchstwahrscheinlich war er pissen.

Auch im Pamir lacht man über gute Witze

Selbst wenn man die Pointe nicht auf Anhieb versteht

Prrr … Kingschna dóscha
Daunda uschó
Dampårradúmo tschä-nää
Ja tscherach kotowki
Ey-chorsk! Puh-dinahahachuchahaaa!
Bilanda ntosch ilya schims sistenit!
Hacheduhachochocho …!

Hacheduhachochocho …!
Badindi-ho?

Ho! Schruushä!
Dekämonasä veratjebülä lindä.
Donki-schemääl, masedoo masedoo!
Äslak!

Hokasidohamän?

Te-kreo, hängtschooridewin!

Mätemascha, mätemascha … Tj nää!
Ey-chorsk! Puh-dinahahachuchahaaa!!

Kleinanzeigenmantra

Repetitives Rezitieren der Passauer Neuen Presse

Verkaufe | Fohlenfleisch | Lindenstamm | Kreiselwender | Kompoststreuer Tandemachser | Selbstfangfressgitter | 1-Achs-Güllefaß mit Rührwerk (auch f. Holztransport) | Seilwinde Uniforest | Hackstriegel | automatischer Kälbermilchwärmer | Mistgreifer | Niemeyer Fingermähwerk | Schwere Heckschaufel | 56 qm Ferkelspalten 2,80 m lang

Suche | Rotwild ältere Schlachttiere | Stockhartholz | Traunsteiner Siloplatten | Grupper | Kreiselheuer 3Punkt Schwader | Patura-Rundballenraufe | Abricht/Dickenhobel-Maschine | Kirschstamm | Haferquetsche | Vierachs-Güllewagen Quadro | Raabe Specht 3schar Drehpflug | Schweinemäster+Breiautomatik ad libitum Fütterung | Wiesen

Angenehme Verwirrungen

Eine Exfreundin nach Jahrzehnten wiedertreffen und feststellen,
daß sie trotzdem auf saftigste Weise sauer ist.
Eine unerreichbare Flamme von einst wiedertreffen und feststellen,
daß es in der ganzen Wohnung nach Ossobuco riecht.
Auf der Straße eine schöne Frau von hinten sehen und feststellen,
daß es sich manchmal doppelt lohnt, kräftig zuzubeißen.

Eine alte Orange auspressen und feststellen,
daß sie nach wie vor gut aussieht.
Auf ein Glas Wein eingeladen sein und beim Eintreten feststellen,
daß all der Zauber von einst verflogen ist.
Spätnachts hungrig nach Hause kommen und feststellen,
daß bis zum nächsten Termin noch reichlich Zeit ist.

Gesang aufs MacBook Pro

Wechsel der Weltformel oder Was schert mich meine konkrete Poesie von gestern

Zwei Dual-Core Intel Xeon 3,0 GHz
DDR-SDRAM 1 GB (2 × 512 MB), max. 16 GB
NVIDIA GeForce 7300 GT 256 MB
(Single-Link-DVI/Dual-Link-DVI)
Bluetooth 2.0+EDR Modul
250 GB Serial ATA mit 3 Gbit/Sek.
und 7.200 U/Min.

So klang's im Jahr 2006. Und heut,
wie klingt neun Jahre später
dasselbe Lied? Noch radikaler oder
vielleicht noch eine Spur verdrehter?

2,5 GHz Dual-Core Intel Core i5
4 GB DDR3-RAM 1.600 MHz
(Retina Display 2560 × 1600
bei 227 ppi) (Turbo Boost bis 3,5 GHz)
Bluetooth 4.0+802.11ac WLAN
500 GB HDD SATA Intern
und 5.400 U/Min.

Ich glaube, Reim und Rhythmus sind
so grosso modo gleich geblieben.
Nur die Metaphern sind inzwischen
zur vollen Blüte hochgetrieben.

An Pizza Anna Blume

Speisekartenlyrik aus dem bell'Arte-Restaurant des Hannoveraner Sprengel-Museums

O du, Geliebte meiner siebenundzwanzig Sinne, ich liebe
dir! Pizza Ursonate, Cappriciosa, Calzone? – Pizza Anna Blume!
Das steht ganz selbstverständlich hier, also her damit.
Wie du wohl heute schmeckst, oft schon verschlungnes
Frauenzimmer? Du bist ––
bist du? – Die Speisekarte sagt, du wärest, – laß sie sagen, sie
weiß ja nicht, wonach mir der Appetit steht.
Du trägst die Ananas auf deinem Kleid aus Teig und wanderst auf
Käse, auf Käse und gekochtem Schinken wanderst du.
Hallo, deine rote Tomatensoße, im weißen Krustenrand
gesäumt. Rotweiß
liebe ich Anna Blume, weißrot liebe ich Dir! – Pizza Ursonate,
Cappriciosa, Calzone? – Pizza Anna Blume!
Das gehört (es wird langsam Zeit) in den Backofen.
Anna Blume, weißrote Ananas Blume, wie sagen die Leute?
Preisfrage:
1. Anna Blume kostet acht Euro achtzig.*
2. Anna Blume enthält Nr. 5 und Nr. 6.
3. Wieviel Trinkgeld erwartet der Kellner?
Blau ist die Farbe deines gelben Tellers.
Rot ist das Girren deines grünen Tischtuchs.
Du schlichter Teigling im Hawaihemd, du liebes grünes
Tellertier, ich liebe dir! – Pizza Ursonate, Cappriciosa,
Calzone? – Pizza Anna Blume!
Das gehört (verdammt noch mal) jetzt endlich auf den Tisch.
Anna Blume! Anna, a-n-n-a, mir läuft dein Name
im Mund zusammen.
Dein Name tropft mir was Weiches vom Schlund.
Weißt du es, Anna, weißt du es schon?

* Herbst 2010. Inzwischen, Juli 2015, €9,50.

Man kann dich von allen Seiten schlingen, und du, du Herrlichste
unter den Pizzen, du schmeckst von hinten wie
von vorne: »a-n-n-a«.
Geschmolzner Käse träufelt streichelt über meinen Gaumen.
Anna Blume, du Tropfpizza im Edelgewand, ich liebe dir!

Durst

Professor Blohms Handreichungen zum besseren Verständnis unsrer Klassiker, Abschnitt 1.a (Goethe)

Zwei Kehlen wohnen, ach, in meinem Schlund –
die eine sagt: A bißl was geht immer no!
Die andere: Weils wurscht is! Und
jetzt denk dir nix: Wer ko, der ko.

Kleinewörtersonett

Bausteine der Prosa sind nicht unbedingt Bausteine der Lyrik

aber 855*/40** all(e/em/en/er.../es) 2177/85 allerdings 76/1 als 2400/67 also 236/27 alswie 22/1 auch 1720/82 bereits 237/6 bißchen 35/3 bloß 91/8 da 557/72

dahin 14/2 demnach 0/1 demzufolge 1/1 denn/dennoch 434/11 dies(e/em/ en/er/es) 808/45 (je-)doch (dochdoch) 788/55 dorthin 60/2 eben(dort/falls/

so/sowenig) 6/8 eigentlich 124/4 einmal 141/5 einzig(e/er/es) 125/10 (aller/ vor)erst(e/en/es) 474/29 fast 263/9 folglich 23/1 freilich 217/1 ganz(e/en/er) 433/56 gewiß 157/4 hier 574/9 immer 364/46 immerhin 21/1 indem 116/3 irgend(etwas/wann/wo) 175/16 ja 757/33 jene(m/r/s) 75/7 lediglich 58/1

(dies)mal 782/59 manchmal 69/7 mittlerweile 98/2 mitunter 35/2 nachdem 96/1 nämlich 18/3 natürlich 25/4 nichtsdestoweniger 17/1 noch 1298/90 nun 759/8 nur 836/50 plötzlich 94/14 schließlich 294/8 selber 175/3

so 1494/113 sofort 126/2 sogar 353/7 solch 136/3 sowie 29/1 stets 51/5 tatsächlich 158/4 und 5822/248 vielleicht 287/12 während 276/1 weil 337/8 wenig(e/ er/stens) 484/9 wenngleich 13/2 wie 2875/102 zwar 167/1

* im Roman *Herr der Hörner* vor der Endkorrektur (1.467.383 Zeichen)

** im vorliegenden Gedichtband bei Manuskriptabgabe (73.748 Zeichen)

Ein Anschluß unter dieser Nummer

Einiges über Weltmeere

Auch ein Ozean hat seine Vorwahlnummer
(das hast du noch nicht gewußt, was?),
der Pazifik zum Beispiel die 00872,
der Atlantik die 00871
(jedoch nur im Osten! Den Westatlantik
erreichst du unter 00874),
danach brauchst du nur noch
die Nummer des Schiffes eingeben,
und wenn du die Kabinennummer gleich anhängst,
kommst du direkt zu mir durch.

Der Indische Ozean hat die 00873
und die Südsee 00 ... Ach ja,
jetzt müßtest du nur noch wissen,
auf welchem der Meere ich gerade
auf welchem der Schiffe
neben dem Telephon sitze und
ganz gewiß nicht
auf deinen Anruf warte.

PS: Alle Meere zusammen, kein Scherz,
erreichst du unter 00870 – die Generalvorwahl
für Ozean im allgemeinen.
Wenn du mich fragst: Nimm die!

Bislang unbesungene Meisterleistungen

Einen Apfelkern mit den Schneidezähnen zerteilen.
Beide Koteletten auf exakt gleiche Höhe stutzen.
Kalt- und Warmwasserhahn an einem englischen Waschbecken …

Nun? Gleichzeitig gleich weit aufdrehen, so daß
zumindest theoretisch lauwarmes Wasser fließt?
Ach was, das ist schon besungen
und keine Meisterleistung.
Hingegen eine Flasche so geschickt
in den Pfandautomaten hineinstecken, daß …
Ja? Daß die Maschine glaubt,
es sei ein ganzer Kasten?
Auch das ist doch längst besungen
und ganz gewiß keine Meisterleistung.
Irgendwas war noch mit einer sprechenden Blondine
und etwas andres mit einem langbeinigen Frosch,
doch das hab ich vergessen.
Es sind wohl nicht mehr viele Meisterleistungen,
die noch besungen werden müssen.

IX. Vorvorletztes

Männer mit blutigen Schürzen (II)

Außerhalb der Schlachthöfe sieht man sie jetzt selten,
und die sind mittlerweile ja fast alle
auf die grüne Wiese verlegt, dorthin,
wo keiner mitkriegt, was geschlachtet wird,
wann und von –

Aber es wird doch noch geschlachtet?
Und wie, und wie, keine Sorge.

Totale Sonnenfinsternis

Feldafing, 11. August 1999, 12:35 Uhr

Es dauerte nur wenige Sekunden,
dann lag die Welt so leblos fahl und grau

und überdeutlich schweigend, haargenau
wie sonst zur Abenddämmerung. Verschwunden

war selbst der Wind. Hoch über uns erhoben
die schwarze Sonne, düstere Monstranz
in düstren Wolken, einen Strahlenkranz
als letztes Lebenszeichen zart umwoben.

Es dauerte nur eine Zigarette,
dann wurde's wieder heller, und Gesang
der Vögel setzte ein minutenlang,

als ob der Tag erneut begonnen hätte.
Wir rieben uns die Augen, noch benommen,
und sah'n uns an wie knapp davongekommen.

Semiotik (II)

Mal wieder auf den Putz hauen wollen,
aber keine passenden Telephonnummern dazu finden.
Immer längere Listen anlegen und
immer weniger davon abstreichen.

Den erloschnen Glanz im Auge derer erkennen,
die man liebt, und einer aufziehenden Melancholie
wie einer unausweichlichen Schlechtwetterfront
tagelang tapfer entgegenblicken.

Ganz unvermittelte Anfälle weltvernarrter Düsternis erleben
und ebenso unvermittelte von Dankbarkeit.
Vom eignen Schweigen schon fast taub geworden sein und erst
beim Blick auf die Wunde, die sich nicht schließen will,

ganz dunkel ahnen, daß es allerhöchste Zeit wird,
darüber nachzudenken.

Auf dem Totenbett (ich)

Guck mal, mein rechter Fuß wird ein kleines Stück
weiter nach außen gekippt sein als der linke,
das kommt von den vielen Operationen

im rechten Bein, weißt du noch?

Und meine linke Gesichtshälfte, na, da bin ich
gespannt, ob sie wenigstens im Tode
der rechten wieder gleicht,
du weißt ja, sie war mal gelähmt.

Aber das Wichtigste, vergiß nicht,
ich bin gar nicht fort. Und falls
du es willst, begleite ich dich
auch weiterhin, schau, im Grunde

ist also heut nacht nicht viel passiert.

Grabinschrift (I)

Rubai nach Art des Dschalaluddin Rumi

War ich dir schlecht, so freu dich unbenommen:
Von mir kann dir nichts Schlechtes ja mehr kommen.
War ich dir gut, so denk kurz an das Schöne, das
wir teilten (und wie schnell es uns genommen).

Grabinschrift (II)

Nie hat er ein Gedicht über die
Ballbrause für Bonsaibäume geschrieben,
nie eins über Falsettstimmen oder Fausthandschuhe,
keine einzige Zeile über
Stachelschweinstacheln,
die weichen Blätter des Gummibaums,
über einen zerbrochnen Gurkenhobel
oder, zuallermindest, über Kassler mit Kraut.
Wie konnte sein Leben so schnell verrinnen,
daß er nicht mal das Allerwichtigste
hat aufnotieren können?

Meine Mutter

Vor einigen Wochen
hat sie aufgehört zu essen.
Vor einigen Tagen dann zu trinken.
Bei zugezogenen Gardinen,
damit die Nachbarn nichts sehen,
sitzt sie tagein, tagaus
vor dem tonlos flackernden Fernseher.

Vergessen das Hörgerät,
die Brille, das Gebiß, die Krücken,
irgendwo verstreut im Dämmer,
zwischen den Schemen der Erinnerung,
die näher rücken.

Meist schläft sie schon.
Wenn sie wach ist,
wartet sie darauf, daß das Licht
in all seiner Herrlichkeit hereinbricht
und über sie kommt.

Kein Wort über die Scherben tags drauf

Sie stand auf dem Küchentisch.
Ich leerte sie.
Doch es wurde nicht besser.
Fand im Kühlschrank
drei weitere Flaschen
und trank sie, schön
der Reihe nach.
Doch es wurde nicht besser.
Da ging ich raus,
um eine Kneipe zu suchen
oder eine Tankstelle,
fand aber weder das eine
noch das andre.
Eine Weile ging ich
am Ufer eines schmutzigen Flusses entlang,
dann ging ich nach Hause,
sah die vier Flaschen auf dem Küchentisch
und wußte: Es würde
nicht besser werden.

Vorvorletztes

Und wenn die Zeit doch mal gekommen sein sollte,
so laß uns stumm an den Händen halten
wie Kinder, die sich zu ihren geheimsten Verrichtungen
untern Tisch verkriechen,
wo sie dann, vom herabhängenden Tischtuch
vor Gott und der Welt verborgen,
wo sie sich einfach nur stumm
in die Augen schauen
und miteinander warten,
daß nichts passiert

X. Am Ende kommt immer der Kellner

Kleine Knabberei am Straßenrand

Daniel Killy am Tresen und wie ihm anno '95 ziemlich was vorgesetzt wurde

Eines dieser Straßenrestaurants,
die's in Hanoi an jeder Ecke
im Dutzend gibt, eine winzige Küche
und der Gehsteig davor
mit winzigen Plastikhockern und Tischen
bis zum Rinnstein bestückt.

Kam da zufällig vorbei,
wollte nur schnell was trinken
und war schon mitten im Gespräch
mit den Einheimischen,

die mich auch gleich einluden,
zunächst auf eine Art Brennspiritus,
dann auf ein Glas Hühnerfüße:
Jeder nahm sich einen raus
und knabberte ihn weg,
man begann bei den Krallen und
arbeitete sich über die Zehen aufwärts,
bis am Ende nicht mal mehr
der kleinste Knochensplitter übrig war;
nur wenn man trinken wollte,
legte man den Fuß kurz ab.

Ohne Brennspiritus nicht zu schaffen.
Mit Brennspiritus
vielleicht ein Gleichnis.

Das Schweigen der Lämmer

Rudi Schachtlmacher am Tresen und wie er bei seinem Stammtürken mal ganz genau hinsah

Also ma ehrlich,

unsre sogenanntn türkischn Mitbürger
oda wiede die heut offiziell nenn willst,
ganz *ohne* sin die auch nich, sag ich dir:
Neulich steh ich da also im Pamukkale un
schieb mir ganz locka ne Dönatasche rein,
ich kuck so durchs Fenster raus auf die Straße,
un was glaubstu, was ich da seh?
Ich seh, wie einer sein Lieferwagen
inner zweitn Reihe parkt und
Klappe auf und
schon holta da jede Menge Plastiksäcke raus,
so halb durchsichtige, ja?
Aus denen ragen aba so spiddelige weiße –
also echt, wie sindn die so weiß gewordn, frag ich dich? –
also da ragen jede Menge Beine raus,
und die Säcke packta auch gleich
auf so ne Art Mega-Einkaufskarre drauf,
so eine, mit derde normalerweise deine Bierkästn
vom Parkplatz in n Supermaakt fährst;
und wie ich so langsam anfang, mich zu wundern,
seh ich imma mehr so Beine
ausn Plastiksäckn rausragen
und inne Säcke drin dann auch
n mickrign Rest von den Viechern,
und ich stell fest, das sin ja,
verdammt noch ma, lauter Lämma,
die der da aus seim Wagen rausholt,
lauter spiddelige weiße Lämma,
und eins erbärmlicher als es andre,

so halb inne Säcke drin un halb draußn, also nee!
Aba alle zusamm inzwischen doch n verdammt hoher Haufn
auf seiner Karre,
und ich denk mir: Ey,
wenn ich was nich ausstehn kann,
dann isses Lammfleisch im Döna,
was will der Kerl hier also mit sein Viechern,
wo der Chef vom Pamukkale doch jedn Eid schwört,
dassa nur Kälba in sein Spießen verwurstet?
Also wenn der Kerl da draußn aufm Bürgersteig
jetz so viele Lämma rankarrt,
dann heißt das ja wohl nix andres als
daßde dem Chef hier ma bei Gelengheit
so richtig auffe Füße treten mußt und ihm
verdammt noch ma klarmachn, wasn Eid is, oda?
Ich also tüchtig Augn aufgerissn,
und da schiebt der auch schon
seine Karre langsam los, gaaanz langsam, sag ich dir,
un drücktse voll mit sein Wanst
und mit allem, wassa sonst noch so auf die Matte kriegt,
inne Einfahrt gleich nebn meim Fenster rein,
der will damit hinter in n Hof, is ja klar,
um dort sein ganzn Haufen abzuliefern,
aba da hatta die Rechnung ohne seine Scheißbiesta gemacht,
die bleim ihm nämlich mit ihrn staksign Bein
irgndwie anner Mauer hängn,
von meim Stehtisch im Schaufensta kannste nur sehn,
wie die Karre jetz feststeckt und
ums Verreckn nich weiterwill
und wie sich alles anscheind imma mehr verkeilt
und verrutscht, je öfta der Kerl versucht,
die Karre doch noch irgndwie durchzukriegn,
jetz hatta n richtign Scheißjob,
und alssa sich dann mit seiner Fuhre

so richtig komplett verkeilt hat,
da läßta doch glatt n Griff los,
wo er sich die ganze Zeit gegn gestemmt hat,
und schlappt bis zur Einfahrt vor,
un da schiebt un zerrt er jetz an den Plastiktüten rum
und annen Beinen
un dem ganzn Schlamassl,
und vielleicht hätt ers auch hingekriegt,
das alles wieda in ne Ordnung
und sogar was schmaler hinzurichtn,
vielleicht wär er damit durchgekomm,
aba plötzlich haut ihm seine Karre
mittn beim Umschichtn und Graderückn,
also plötzlich haut ihm die ganze Schose rückwärts ab un
zurück übern Gehsteig
und ganz langsam imma weiter, gaaanz langsam
auch noch über die Bordsteinkante rüber
und ins erstbeste Auto rein,
das da vor der Einfahrt parkt, kaaaaa...wong!
Un das is ausgerechnet n himmelblauer Mercedes Coupé,
mindestns S-Klasse, sag ich dir,
mit allm Drum un Dran locker 100.000 aufwärts,
ne irre flache Flunder, aba ebn in Himmelblau,
ich frag dich, wer fährt n so was?
Also das wär bestimmt noch ma
ne ganz eigne Geschichte, was?
Aba egal.
Und wie die Karre von dem Kerl da also
aufn Kotflügl draufknallt,
falln auch gleich n paar von sein Viechern runter,
un jetz hatta da draußn wirklich
n ziemliches Problem.
Kommt aba in aller Seelenruhe ausser Einfahrt runter,
lupft seine Karre ohne großes Tamtam zurück aufn Gehsteig,

verkantet die Räder erst ma orntlich
und schichtet die Lämma eiskalt wieda,
also ma ehrlich: krass, oda? schichtet die Viecha
der Reihe nach wieda drauf,
da biste platt,
was sagn denn da die Nachbarn, also
die kriegn das doch alle mit? Aba nee,
der schichtet seine Viecha da draußn eins nachm andern
wieda auf die Karre,
als wär überhaupt reingarnix passiert,
un diesmal gleich richtig, der Länge nach,
so dassa sie dann auch tatsächlich alle auf einmal
und ohne s allerkleinste Problem durch die Toreinfahrt kriegt.
Wie er dann aba ohne seine Karre zurückkommt,
da geht er doch kackdreist auch noch hin zu der Flunder und
guckt sich die Sache ma so richtig an.
Aba s is auch schon von meim Platz aus ganz klar zu sehn,
da is jetz ne dicke Beule drin,
und wie er sich die in Ruhe angeschaut hat,
schlappt er seelenruhig,
aba so was von seelenruhig, sag ich dir,
zu seim Lieferwagn un kramt da sogar
erst noch ma ne Weile hintn im Heck rum.
Wie ich aba kurz am Dönatresn bezahlt hab
und mich wieda umdreh,
da isser weg mitsamt sein Lieferwagn.
Also denk ich natürlich,
daß er ja wohl mindestns
n Zettel untern Scheibenwischa geklemmt hat,
aba von wegn, von wegn.
Und wie ich noch so überleg,
ob ich das etwa jetz tun muß,
da kommt schon der Gemüsetürke von nebenan
und besieht sich ganz locker die Beule,

schüttelt n Kopf und
verschwindet wieda.
Un dann geht der Dönabrater vom Pamukkale raus,
um die Sache ausser Nähe zu begutachtn,
un hinterher auch gleich sein Kollege, der andre Dönabrater,

und am Ende auch noch der Kellner,
die ham also alle zugekuckt,
und schon taucht der nächste Türke von sonstwo auf
und bekuckt sich die Beule,
schüttelt n Kopf und schlappt wieda ab,
der übernächste streicht sogar mitn Fingerspitzn
in der Beule rum,
bevor er sich wortlos wieda ausm Staub macht.
Also geh ich, verdammt noch ma, auch hin
und schau mir die Stelle so richtig an,
und aussa Nähe is die Beule irngtwie doppelt so groß,
n satter Trichter, sag ich dir,
sowas siehste nich alle Tage,
und vollkomm symmetrisch, also Hut ab,
wie von nem Meister da höchstpersönlich reingepfriemelt,
so ne Art Installation
oda wiede sowas heut offiziell nenn willst,
und im Abdrehn nick ich den beidn Dönabratern zu,
die ham nämlich ganz genau aufgepaßt,
ob ich vielleicht was andres mach als kuckn.
Und wie se mir beide zugrinsn,
da weiß ich auf eim Mal,
daß heut n besonders guter Tag is.

Böhmischer Wind

Jürgen Bulla am Tresen und wie ihm der Dermatologe den Abszeß hinterm Ohr entfernte

I.
Weißhäutig saß er da und sehr wach, als ob er
Tag für Tag in seiner abgedunkelten Praxis warte,
daß einer wie ich zwecks Behandlung erscheine,
nacktschädelig saß er, nickelbebrillt und ohne Brauen,
sogleich mit Flackerglanz im Auge,
als er von meinem gewaltigen Pickel vernahm,
bei jedem Wort näherrückend,
kein gütiger Onkel Doktor,
nein! Der ganze Mann
bedrohliche Anteilnahme. Ein Getriebener,
kam er im Nu mit der Betäubungsspritze,
setzte einen schnellen Kreuzschnitt und schon

stülpte er lüstern die Lippen,
beugte sich mit riesigen Augen herab und
saugte den Pickel so gründlich aus, bis ihm –
ein hörbares Schnalzen –
der Kern in den Mund ploppte.

Ich hab ihn, nickte er mir zu,
indem er ihn, haselnußgroß,
zwischen seinen Zähnen präsentierte,
im nächsten Moment schon sorgfältig kauend,
von großer Lust durchzittert,
und erst als er mehrfach geschluckt hatte,
in restloser Zufriedenheit sich verklärend;
ein vollendeter Genießer auch noch
beim Verpflastern der Wunde;
und wie er sich verabschiedete
(Bis nächstes Jahr, dann sei's wieder soweit!),
stand ihm ein wenig grüner Saft auf den Lippen.

II.

Ich aber ging direkt in meine Kneipe,
bestellte Bier und einen Obstler,
den sie dort »Böhmischer Wind« nannten, obwohl er
ganz offensichtlich aus Niederbayern stammte,

46 Prozent, laut Wirt komme er zweimal zurück,
was ich nicht richtig verstand, und wieso zweimal?
Den ganzen Abend lang saß ich und trank,
kippte, rauchte, wartete, daß der Wind
wenigstens ein einziges Mal
zurück zu mir käme, doch er wollte und
wollte nicht kommen.

carpe noctem

Dr. Daxenbergers Liste heimlicher Freuden (Nachtrag)

17. Busenform durch seitliche Kleideröffnungen erspähen, keinesfalls lüstern, sondern aus Prinzip
18. Zeitung vom Eder Hannes zum Frühstück lesen und zurück vor die Tür legen
19. In der leeren Sauna Hornhaut an den Zehen abpopeln
20. An alten Wischlappen schnüffeln (an Schuhcreme)
21. Weinen bei plötzlicher Erinnerung an Frau Sachs
22. Q-Tips: mit geschlossenen Augen Ohren putzen
23. Karte des Großdeutschen Reichs betrachten
24. Kleine Hunde im Vorbeigehen schubsen
25. In Gedanken Hipsterbärte abschneiden
26. Mitleid heucheln, Interesse heucheln
27. Hamsterkatastrophen auf Youtube
28. Devotionalien des BVB sammeln
29. Schuhe im Treppenhaus abstellen
30. Die Mutzenbacherin
31. Etwas verhindern

~~32. In die Dusche pinkeln~~

32. Auf dem Heimweg in den Briefkasten der Grünen pinkeln

Penners Nachtlied

Professor Blohms Handreichungen zum besseren Verständnis unsrer Klassiker, Abschnitt 1.a (Goethe)

Unter allen Brücken ist Ruh.
Zwischen den Krücken spürest du
schwer deinen Bauch.
Die Penner schnarchen auf Halde.
Warte nur, balde
schnarchst du dort auch.

Leeres Glas

Ein Mann vor einem leeren Glas
ist ein trauriger Anblick.

Traurig ist auch
ein verrutschtes Makeup an einer hübschen Kellnerin
und daß sie gerade Feierabend hat,
eine stehengebliebene Wanduhr,
eine rotweiß karierte Tischdecke,
eine tonlos über die Mattscheibe flimmernde Talkshow,
ein Wirt, der schon mal die Stühle auf die Tische stellt,
ein vorletzter Gast im anderen Eck.

Am traurigsten aber von alledem
ist der Mann vor seinem leeren Glas.

Am Ende bleibt immer der Kellner

Ein Mann ohne Ziele
ist immer schon mit einem Bein
im Abgrund.

Aber du hast ja ein Ziel –
Abwarten und Sitzenbleiben, wenn auch
die apokalyptischen Reiter herandonnern sollten

und mitten in der Nacht
der Jüngste Tag anbräche!
Bloß keine voreilige Bewegung

und aufbrechen, wohin
du nicht willst
und niemand dich ruft.

Ein Mann so kurz vor dem Ende ist
am besten stets mit einer Hand
am Nachbestellen.

XI. Letzte Liebe

Drei Sorten Schmerz

Die Geliebte

Der Tag danach ist leicht, wie sanft betäubt
schwebt sie dahin. Doch schon der nächste zieht sie nieder.
Erst wenn der Anruf kommt, verwandelt sie sich wieder
in diese andere, die *er* stets in ihr sieht. Gesträubt

dagegen hat sie sich ja nie. Oh, anders wär' sie gern,
wär' gern weit weg und manchmal tot. Und sehnt sich doch
nach nichts so sehr wie nach Normalität, dem süßen Joch
des Alltagstrotts – mit *ihm*. Da ist sie völlig unmodern.

Sie ist die Meisterin der nichtgestellten Frage.
Und wär' ein Rest an Hoffnung nicht – von Herzen gern
gäb sie ihn hin! –, fiel alles sicher halb so schwer.

Die Zeit rennt ihr davon, und sie sitzt stumm und tränenleer.
Am Ende bleibt ihr nichts als eine Handvoll Tage,
so maßlos aufgeregt und ungeheuerlich und fern.

Die Ehefrau

Seit Stunden liegt sie schon und lauscht auf seinen Tritt
und weiß doch längst, in dieser Nacht bleibt sie vergessen.
Und morgen wird er tun, als wäre nichts gescheh'n. Indessen

fehlt ihr zur irren Tat nichts als ein letzter Schritt –

dann wär' sie wieder frei, in dieser oder jener Welt.
Und gäbe's einen Rest an Hoffnung nicht – woher
wächst der denn ständig nach? –, fiel ihr der Schritt nicht schwer.
Stattdessen steht sie anderntags nur wieder wie bestellt

und dann nicht abgeholt vor ihrem Spiegelbild und sucht
nach Gründen, sie seit Jahren zu betrügen.
Was mag die andre haben, was sie nicht (mehr) hat? Verflucht

ist jeder, denkt sie, der zu lange liebt. Das Glück
des holden Anfangs kommt nie mehr zu ihm zurück,
und Lieben heißt dann: sich ins Unabänderliche fügen.

Der Mann

Alles beteuert und verneint er doppelt.
Meist trägt er Maske, stets verwischt er seine Spur.
Manchmal japst er nach Luft, oft blickt er auf die Uhr
und ständig sagt er sich, er lebe abgekoppelt

von jeder gängigen Moral. Nur trifft sich's dumm,
daß er sogar bei *beiden* schuld sich fühlt. Wer wollte
da noch genießen? Wollte hoffen? Ja, was *sollte*
er hoffen? Schon zu lang sind seine Wege krumm.

Von Herzen *eine* lieben, innig, ohne Hast,
wär' ihm das Glück; doch *zwei* ist permanente Pein,
selbst Lust – er weiß es längst – nur eine weit're Last.

Er ist zutiefst mit sich in seiner Welt allein.
Und hält er inne, will er gleich vor Scham erstarren
und fortan so wie ein Erleuchteter verharren.

Inhalt

Am Ende kommt immer der Kellner

Dr. Daxenbergers Überlegungen zur durchschnittlichen männlichen Erwartung (II)

Auch an einem Abend wie diesem
wartest du auf das ganz große Ding,
wie's mit einem Mal durch die Tür kommt
und, ohne zu zögern,
durch den gesamten Schankraum
direkt auf dich zu.

Auch an einem Abend wie diesem
wartest du auf den Mann mit dem Hammer,
die Kirschblütenkönigin, den Trompeter von Jericho,
zumindest auf Alexandra, die alte Wanderhure,
oder eigentlich von Anfang an darauf,
daß sie dich wieder versetzt.

Stattdessen kommt ein kleines Helles,
und noch eins, dann ein Korn, nichts Originelles,
und zwischendurch der Türen-Günther,
der Eder Hannes und am Ende einer,
der sein Geld mit Katzenjammer macht,
ein Kammerjäger alter Schule, neu hier im Ort.

Aber auch an einem Abend wie diesem
ist irgendwann genug gewartet.
Die Zerrüttung hält sich in Grenzen.
Gegen Mitternacht packst du deine Sackkarre,
legst die Schürze drüber und
gibst das Zeichen zum Aufbruch.